RÉPONSE

D'UN

BOURGEOIS SAVOYARD

A LA LETTRE D'UN

GENTILHOMME DAUPHINOIS

Au sujet du livre de M. René MARAL

GRENOBLE

Librairie Xavier DREVET

14, rue Lafayette, 14

—

1876

RÉPONSE

D'UN

BOURGEOIS SAVOYARD

A LA LETTRE D'UN

Gentilhomme Dauphinois

AU SUJET DU LIVRE DE M. RENÉ MARAL

MONSIEUR LE COMTE,

Permettez-moi de répondre à votre lettre.

Sans doute, c'était à l'auteur auquel vous vous adressiez à le faire; mais, peut-être dans cette immense solitude que vous décrivez si fidèlement, votre opuscule ne lui est pas arrivé; ou bien il s'est senti si accablé par vos reproches qu'il n'a pas osé vous répondre.

Je commence en vous avertissant que vous aurez auprès des personnes de goût un tort très-grave, celui d'attaquer un homme dont les écrits n'ont pas droit de circulation et que personne ne pourra juger avec connaissance de cause, n'ayant point lu l'ouvrage sur lequel vous exercez votre plume peu indulgente.

Frapper un ennemi à terre est peu généreux ; ce n'est ni d'un chrétien, ni d'un gentilhomme.

Qui donc peut avoir lu le livre dont vous parlez, puisqu'il n'entre pas en France, et que pour en prendre connaissance il faut aller le demander à l'étranger ? Vous-même avez dû employer ce moyen, et vous conviendrez qu'il faut bien avoir envie d'une chose pour courir la chercher si loin..... Celle-ci en valait-elle la peine? Votre lettre tend à établir le contraire, puisque vous dites que le livre est immoral et privé de tout génie littéraire.

Je vous ferai observer d'abord que, n'ayant pas été arrêté par le scrupule que je vous signale, vous auriez dû au moins faire de cette œuvre une critique sérieuse et détaillée, ce que vous n'avez pas fait; de sorte qu'en admettant que votre lettre ait beaucoup de lecteurs, (ce dont je ne doute point), ces lecteurs seront obligés d'aller chercher à sa source l'ouvrage en ques- tion, afin de se rendre compte de ce dont il s'agit, car « *qui n'entend qu'une cloche n'entend qu'un son.* » De sorte que vous éveillez par ce fait une curiosité malsaine et vous faites de la propagande à votre insu (comme M. Jourdain faisait de la prose sans le savoir).

Ces deux reproches, tous les gens bien pensants vous les feront en lisant votre lettre ; ils se présentent d'eux-mêmes et ne sauraient échapper à un sens droit.

Mais, voici un grief plus grave encore : Comme on ne trouve dans votre brochure aucune appréciation de la chose que vous prétendez critiquer et que cette brochure ne contient que des personnalités assez malséantes contre l'auteur, il semble que vous obéissiez à une rancune personnelle peu digne d'un père de famille et d'un homme de votre rang.

Il était pourtant bien facile de la faire, cette critique d'un livre aussi étrange et aussi téméraire ! — Mais, il eût mieux valu ne pas s'en occuper ; on lui a fait beaucoup trop d'honneur en le consignant à la frontière.

S'il était entré tout simplement, personne n'y eût fait attention ; il aurait passé inaperçu ; il n'eût pu écouler sa première édition ; tandis qu'un ouvrage d'auteur inconnu qui est interdit excite une vive curiosité..... Qu'est-ce que cela peut être ? Il y a donc des choses bien violentes ? Qu'a-t-il pu dire ? etc., etc.

Voici donc un homme inconnu hier qui a une célébrité aujourd'hui ; célébrité scandaleuse, il

est vrai, mais très-fructueuse, car on paye
l'ouvrage quatre fois sa valeur, on se le dispute,
on se l'arrache. Une première édition est épuisée
en un mois ; une seconde ne suffit pas aux de-
mandes qui l'attendent. On presse, on écrit de
tous côtés.....

En vérité, on voudrait faire la fortune de quel-
qu'un, on ne procèderait pas autrement... Aussi,
Monsieur, je vous trouve très-imprudent de
venir jeter du pétrole sur ce feu qui semble
s'éteindre, et donner un aliment nouveau à la
curiosité publique, qui aime le fruit défendu !.....
Eh ! Monsieur, qu'est-ce qu'un livre?... S'il
suffisait d'un bouquin pour détruire une religion,
où en serions nous !...

D'autres plumes plus autorisées et plus élo-
quentes s'en sont mêlées et n'ont pas abouti. Les
P. L. Courrier, les Quinet, les Michelet ont tra-
vaillé sans que ces résultats aient été obtenus,
parce que la religion du Christ est le flambeau
immortel, la pure et saine morale que les siècles
ont consolidée, et que ceux qui prétendent y
toucher font comme le serpent qui mord la lime :
ils y brisent leurs dents de vipère !

Croyez-moi, Monsieur, ceux qui font du tort

à la religion sont ceux qui y mettent trop de zèle... Le danger est là et pas ailleurs.

Ici permettez-moi une remarque, car il convient d'être juste pour tous. Le livre de M. Maral n'attaque en rien la religion catholique; il ne critique que ses ministres, ce qui n'est pas du tout la même chose. Ceci bien établi, nous chercherons, si vous voulez, les vrais coupables; car on ne peut donner tous les torts à un seul : ce serait une insigne injustice.

Lorsqu'on veut faire un jeune homme ecclésiastique, on le tient sous la férule pendant dix ou douze ans, plus ou moins. Il est impossible que pendant ces années de sa jeunesse on ne puisse démêler s'il a vraiment la vocation ; car, tel homme qui pourrait faire un bon médecin, un excellent architecte, un avocat distingué et avec cela un très-bon père de famille, peut être un mauvais prêtre ; ne l'oublions pas. Les vertus qu'exige le sacerdoce se rencontrent rarement. C'est donc aux professeurs à faire sur leurs élèves un examen aussi important ; s'ils ne le font pas, ils sont les premiers coupables. Pas de vocation, pas d'ordination ; faites autre chose, Messieurs ; vos épaules ne porteront jamais la chasuble.

Il vaut mieux mettre dehors cent élèves incomplets que faire entrer une brebis galeuse dans le saint troupeau.

Je trouve donc ici les premiers coupables dans la question qui nous intéresse.

Ensuite, étant donné que ceux-ci n'ont rien vu, ou rien voulu voir, par incurie, négligence, mauvaise volonté, manque d'intérêt ou d'observation, admettons que le jeune homme est arrivé.

Il est consacré....., il n'y a plus à s'en dédire.....

C'est bien! voyons la suite.

Un autre devoir vous incombe, supérieurs haut placés; celui-ci est plus grave encore :

Soignez-le ce jeune homme; vous en répondez devant Dieu.

Votre intérêt est au moins aussi en jeu que le sien...

Ce jeune homme est violent, passionné, fougueux, emporté ;

Mais, à côté de ces défauts, que de rares et grandes qualités !...

Il est instruit, studieux, travailleur, très-lettré... ;

Il a le don de la parole... Il tient la plume comme un grand maître...

Veillez à utiliser ces précieux dons ; vous avez un cheval pur sang, ne l'attelez pas comme un âne. Ne laissez pas le découragement entrer dans cette âme ardente et les passions charnelles se développer dans ce cœur de feu. Veillez sur lui comme une tendre mère sur son fils bien-aimé ; l'Eglise est une mère pour ses pasteurs.

Faites-lui une position digne de son intelligence ; son ambition est légitime et si vous donnez pâture à ses passions honnètes, vous éteindrez les mauvaises.

Voilà qui est logique. Mais, non, on n'a point agi ainsi que le voulait le simple bon sens ou l'humanité.

Cet homme, vous l'enterrez vivant, vous le laissez pendant ses plus belles années s'éteindre dans un village où il est à peine compris. Il s'étiole, il se dévore, il se dessèche ; il voit arriver ceux qu'il croit inférieurs à lui ; il sollicite, il est repoussé honteusement. Alors, il ramasse du fiel, il s'agite en vain et sent qu'il n'a rien à espérer de l'avenir ; il tombe brisé..., et un jour, jour affreux, il devient parjure ; il laisse souffler dans son cœur endolori les orages de la colère, il dévie de son chemin, il maudit ses chaînes et songe à les briser...; puis, à bout de forces, il jette les ornements de sa gloire, il fuit sa patrie, sa famille, ses amis...; à qui la faute? Et vous vous plaignez, Messieurs..., dites plutôt votre *mea culpa*...

La seconde série des coupables est trouvée; cherchons la troisième; elle n'est pas loin.

Pourquoi, lorsqu'un jeune pasteur est à la mode, parce que son esprit est supérieur et sa parole intéressante, voit-on des essaims de femmes se presser sur ses pas, envahir son confessionnal, approcher leurs chaises afin de se mettre bien en vue sous sa chaire? Lui faire des visites à domicile et des présents : fleurs, fruits, plantes rares, argenterie, meubles brodés en tapisserie, travaux à l'aiguille les plus délicats, porcelaines, gravures?

Croyez-vous que tout cela ne le rend pas glorieux ce jeune homme? En supposant que ces hommages de tous les jours ne développent pas chez lui des passions très-coupables, au moins cela excite son orgueil, et il croit que tout lui est dû!... que sa personnalité est de la plus haute importance; que, s'il disparaissait, le monde serait dans la désolation... Vous voyez, quel danger !...

Messieurs les maris et les pères de famille, pourquoi ne veillez-vous pas à cela? A quoi pensez-vous? Car vous connaissez le monde; il vous est facile de prévoir que ce jeune pasteur pourra finir un jour comme St-Augustin a commencé, et que le fol enthousiasme de ces dames ainsi que votre négligence en seront la cause. Voici la troisième série de coupables découverte; elle est nombreuse; arrêtons-nous là...

Je vous entends ici me dire que M. Maral n'était point dans la situation que je viens d'esquisser, car vous le dépeignez comme un homme abandonné en raison de la « *puanteur spéciale des âmes impures.* » Eh bien! je vous assure, monsieur, que vos renseignements sont complètement inexacts.

On m'a affirmé, au contraire, que les églises étaient pleines les jours qu'il prêchait (je n'ai jamais eu l'avantage de l'entendre). Toute la ville a constaté le fait, et dans sa modeste cure il recevait de nombreuses visites; il y avait toujours des équipages à sa porte. Dans cette paroisse de campagne, il était adoré; son souvenir fait pleurer de regret les enfants qu'il ins-

truisait avec une patience évangélique. Tout
ceci est facile à établir, de *notoriété publique,*
et je ne crains point d'être démenti.

Et maintenant, que voulez-vous lui faire à cet
homme ? Faut-il le tuer ? Est-ce là la charité
chrétienne ?

Est-ce en lui disant des injures que vous le
ramènerez au bien ?

Vous êtes, Monsieur, comme le cuisinier de la
fable de La Fontaine, qui disait : « l'etit, petit, »
à la volaille, laquelle s'enfuyait parce qu'elle
apercevait — un grand couteau ; — croyez-moi,
faites le silence autour de cet homme égaré. Au
jour du jugement les vrais coupables se tâteront
et lui, il obtiendra le bénéfice des circonstances
atténuantes.

Sa vraie faute est d'avoir osé incriminer ses
collègues après avoir vécu quinze ans au milieu
d'eux, et d'avoir voulu généraliser des sentiments
qui lui sont personnels et dont la masse est inno-
cente.

Mais si vous l'insultez en disant qu'il n'a
point de talent, ni comme écrivain, ni comme
orateur, vous ferez rire, monsieur le comte ; on
dira que vous ne le *comprenez pas.* Il a été jugé
par des gens compétents dont l'appréciation ne

ressemble pas à la vôtre. Ceux-là déplorent qu'on n'ait pas su utiliser ce talent pour la cause qui était la sienne et qu'il faille voir un poignard où devrait être l'épée de l'archange. En effet, voilà le malheur !...

Au lieu de l'accuser, plaignez-le ; c'est par la douceur qu'on ramène et non par l'injure.

Il m'a été dit qu'un ministre du Seigneur des plus haut placés avait fait dans le temps une démarche pour ramener la brebis égarée ; si le fait est vrai, c'est là un bel exemple. Inclinons-nous, monsieur, voici le véritable représentant du Christ !... Sans doute il a dû dire : « Revenez-nous, mon fils; il y a encore des beaux jours parmi nous ; nous prierons ensemble; nous obtiendrons du Très-Haut oubli et pardon. Ne tournez pas contre l'église votre mère les belles qualités qui sont votre partage. Souvenez-vous qu'il y a plus de joie pour le coupable qui se repent que pour le juste qui n'a jamais failli... Revenez, enfant prodigue; nos bras vous sont ouverts.., nos cœurs aussi... Oui, s'il a fait cela, cet illustre pasteur, lors même que sa sainte mission n'aurait pas eu de résultat immédiat, qu'il soit béni pour cette bonne œuvre où son esprit et son cœur se sont révélés avec tant d'éclat...

En voici bientôt assez sur ce sujet pénible, Monsieur le comte ; vous aviez attaqué un absent, je le défends et crois faire mon devoir. Cette lettre est une simple protestation ; on ne s'y trompera pas. Du livre, vous n'en avez guère parlé ; je n'en dirai mot et on m'en saura gré.

Avant de finir, il ne nous est pas défendu de nous égayer un peu ; votre lettre autorise quelques plaisanteries ; ce sont les mots de la fin.

Laissez-moi vous dire que j'ai été surpris des quelques anecdoctes qui émaillent votre prose. Je les tiens pour pures œuvres d'imagination. Je veux cependant y répondre.

La première, celle qui a trait à l'hôtellerie suisse, m'a paru d'un joli choix. Par malheur elle est complètement fausse, c'est certain ; car, dans un hôtel, quand on paye et qu'on se conduit avec décence, on est toujours coté pour un bon locataire ; on ne vous met pas à la porte ; il n'y en a que peu, voilà tout...

Mais les histoires qui ont rapport aux enfants, je les trouve bien osées ; qu'en pensez-vous ?

Voici d'abord une petite fille qui a huit ans, « *l'âge de la pleine franchise,* » dites-vous ; elle connaît l'odeur du bouc, odeur qui pourtant se fait rarement sentir dans le monde élégant.

Enfin ce confesseur sent le bouc..; c'est atroce n'est-ce pas? car il n'est bon qu'à garder des chèvres..; néanmoins, des personnes de la haute société vont l'inviter à diner et, au lieu de lui écrire ou de lui faire une visite, ce qui serait plus convenable, elles vont l'inviter au confessional.

J'avais cru jusqu'ici qu'on s'agenouillait derrière cette grille pour dire ses péchés et en demander humblement le pardon, et que le prêtre placé à l'intérieur était Dieu à l'heure du sacrement. Erreur..! c'est bien un homme; il se permet même à l'égard de la châtelaine *d'odieuses questions, cherchant un mauvais plaisir dans ses réponses.* « Il la tient » *sous le feu de son regard.* Ceci m'étonne moins, car les boucs ont des yeux très-insolents ; la petite fille doit aussi savoir cela, puisqu'elle a observé cet animal cornu et barbu. Néanmoins, en dépit de tous ces désagréments, l'invitation a lieu et le bouc est admis à la table de famille. Les sauces et les crêmes ont dû tourner ce jour-là, et je plains la cuisinière..!

N'importe, quelque temps après, « C'EST LE BOUQUET, » on prie cet homme parfumé de venir *bénir le bébé dans son berceau ;* c'est une idée qui ne me serait pas venue ! Enfin c'est une fantaisie ; mais la chose tourne au tragi-comique. L'enfant effrayé croit voir l'ogre du petit Poucet (sauf les bottes, qui devaient manquer, que voulez-vous? on n'est pas parfait). Il se rend très-bien compte que celui-ci sent « *la chair fraiche.* » Il crie : *Maman, il veut me manger..,* et tout le monde se pouffe de rire. Ce pauvre abbé se sauve tout confus ; il y a de quoi ; il est bien loin qu'on rit encore...

En vérité, Monsieur le comte, si vous en faites souvent comme cela, imprimez-les toujours, pour que nous puissions les lire. Elles en valent la peine !

J'en passe, et des meilleures. Qu'est-ce, par exemple, que cette histoire, reprise au livre de M. Maral, d'une jeune femme qui va le trouver quand il confesse, poussée, dites-vous, par la curiosité, parce qu'elle n'avait jamais vu « *pareil folâtre en soutane.* » Elle s'en va ensuite avec dégoût. Tout le monde pourra penser qu'une femme qui se confesse à un abbé parce qu'elle le trouve « FOLATRE, » n'a pas des idées bien rassies, et si elle s'éloigne désappointée, c'est que ce *folâtre* ne l'est pas encore autant qu'elle l'aurait voulu.

Et quand vous aurez écrit, pour abîmer ce pauvre expatrié, qu'il a *les épaules en porte-manteau*, les *genoux cagneux*, les *hanches trop minces*, les *cheveux ébouriffés*, les *sourcils touffus* et de *nombreux bourgeons fleuris sur le front et sur les joues*, qu'en faudra-t-il conclure ? Est-il donc nécessaire d'être bâti comme l'Apollon du Belvédère et beau comme Adonis pour entrer dans l'Eglise ?

Depuis quand fait-on à un homme des griefs de ses imperfections physiques ou même de ses infirmités ? N'est-ce point assez de nous signaler ce parfum qui ressemble si peu à l'odeur de sainteté, sans nous détailler encore d'autres défectuosités qui sont déplaisantes. Qu'avons-nous besoin de savoir tout cela...? Est-ce donc ainsi que vous traitez les personnes que vous avez admises à votre table ? Je plains M. le curé et M. l'abbé (son vicaire sans doute), quand ils viennent vous demander à dîner, si vous choisissez ce temps pour détailler leurs défauts physiques, car ils en ont sans doute comme tout le monde. Il faut, Monsieur, que votre cuisinière

soit un fameux cordon bleu pour qu'on se décide
à subir un pareil examen !

Non, je vous l'assure, Monsieur le comte, on
ne sait comment interpréter ce que vous avez
écrit ; on a beau chercher, le vrai sens échappe...

Eh quoi ! tant de malice à l'égard d'un pauvre
proscrit qui est trop loin pour vous entendre et
qu'il fallait juger avec plus de compassion et de
charité ?

Peut-être êtes-vous déjà peiné de l'avoir fait?
Je le souhaite.

Sur ce, Monsieur, excusez cette longue réponse
et les fautes de l'auteur.

N. P.

Aix-les-Bains, 25 août 1876.

1876